El mar de la selva

INCENDIARY
Collection
Homage to Beatriz Guido

Homenaje a Beatriz Guido
Colección
INCENDIARIO

Rodolfo Dada

EL MAR DE LA SELVA

Mención Premio Casa de las Américas 2009

Nueva York Poetry Press LLC
128 Madison Avenue, Oficina 2NR
New York, NY 10016, USA
Teléfono: +1(929)354-7778
nuevayork.poetrypress@gmail.com
www.nuevayorkpoetrypress.com

El mar de la selva
© 2025, Rodolfo Dada

ISBN-13: 978-1-966772-13-2

© Colección Incendiario vol. 10
Narrativa latinoamericana
(Homenaje a Beatriz Guido)

© Dirección y edición:
Marisa Russo

© Comentarios de contraportada:
Dennis Ávila Vargas

© Diseño de interiores:
Luis Rodríguez Romero

© Diseño de forros:
William Velásquez Vásquez

© Obra de la portada:
Horizonte, Fabio Herrera

© Fotografía del autor:
Emmanuel Calvo Canossa

Dada Rodolfo
El mar de la selva / Rodolfo Dada; 2da ed. New York: Nueva York Poetry Pressl, 2025. 114pp. 13.97 X 21.59.
Primera edición: Amargord Ediciones, Madrid 2018.

1. Narrativa costarricense 2. Narrativa latinoamericana.

Todos los derechos reservados. Esta publicación no puede ser reproducida, ni en todo ni en parte, ni registrada en o transmitida por, un sistema de recuperación de información, en electroóptico, por fotocopia, o cualquier otro, sin el permiso previo por escrito de la editorial, excepto en casos de citación breve en reseñas críticas y otros usos no comer-ciales permitidos por la ley de derechos de autor. Para solicitar permiso, contacte a la editora.

A Carmina

La serpiente y el niño

El niño tiene apenas dos años y llegó en la barca que viene todos los días con los turistas, la barca a la que le decimos:

—¡Adiós! —cuando la vemos.

—Y, ¡adiós! —nos responde.

Ayer llegó a esta selva de nosotros, y no dudo que le gustó muchísimo, porque hay cosas que aunque no se dicen se pueden leer en los ojos de los niños.

Pues bien, digo que le gustó, porque todo el día estuvo jugando en el rancho de hamacas con la tierra, mientras sus papás descansaban.

Jugó haciendo torrecitas o cuevas profundas o pajaritos de barro, a los que trataba de soplar para que volaran, pero los pajaritos no querían, porque aquí hay demasiados pajaritos de colores brillantes.

Al final de la mañana, el niño era lo mismo que el barro en el piso del rancho, mientras sus papás seguían descansando, agotados como estaban, porque dicen que la ciudad cansa muchísimo.

Sucedió entonces, que una serpiente, de esas muy malas, miraba al niño desde su cueva debajo de una platanilla.

A la serpiente le pareció el niño tierra que se movía, o tal vez le gustaron las formas que había hecho en la tierra y decidió salir y deslizarse por ese parque de juegos.

El niño la vio venir con sus colores escamados, tocar con la lengua las torres y los puentecitos y deslizarse luego, lentamente, por uno de los huecos que había hecho, aunque le quedaba medio cuerpo de fuera.

Los padres dormían plácidos en las hamacas del rancho y aunque las voces de los capitanes de las lanchas se oían desde el muelle, ninguno se había dado cuenta del peligro.

—Mecate —dijo el niño, al acercar sus manitas a ese cuerpo brillante.

Pasó entonces la mano por debajo de la serpiente y la levantó.

Todo pareció mansedumbre, entonces. La serpiente quieta en las manos del niño, mirándole los ojos.

—Tierra con ojos —pensó la serpiente y husmeó en el aire la ternura, con su lengua partida.

—Un mecate con ojos —pensó el niño.

Y los dos se miraron por un rato.

—Mamá, mecate —le dijo el niño a su madre, que entreabría los ojos en la hamaca.

La madre miró a la serpiente en las manos de su hijo.

La serpiente y el niño miraron a la madre que trataba de gritar, pero el grito era apenas un gemido en el aire.

—Mamá, mecate con ojos —repitió.

Mientras tanto la serpiente, enrollada, se sentía plácida entre las dos manos de tierra.

La madre, como pudo, despertó al padre y los dos pedían auxilio, sin poder hacer nada. Solo podían mirar con terror a su hijo y a la serpiente en sus manos.

Los boteros habían rodeado el rancho y en medio de un alboroto, pedían calma para que la serpiente no lo mordiera.

Pero la bondad de la serpiente estaba abrazada a la bondad del niño: tierra con tierra, ojo con ojo.

Entonces las suaves manos bajaron la serpiente al suelo, y ella se deslizó despacio hasta el parque de castillos, torres y túneles. Husmeó con suavidad el aire y, despacio, como quien quiere y no quiere, buscó de nuevo la platanilla donde vivía.

Los boteros, asombrados, comentaban sobre esas historias de niños pequeños y serpientes, que habían oído de sus abuelos, pero que nunca, hasta ese momento, habían vivido. Mientras tanto, el niño de tierra, en los brazos de sus padres, señalaba con las manos su parque de torrecitas y castillos.

Mariposa azul

—¿Qué podría decirte de esta mariposa azul que vuela por el bosque?

Esto no es un cuento, es solamente una mariposa.

Sus destellos azules entre estos rayos de luz, entre las hojas de tantos árboles, entre estas ramas de espinas.

—¿Qué podría decirte de esta madeja azul que cae y se levanta, y dibuja un enredo entre la vegetación espesa, entre estos tonos de verde que es nuestra selva, este pedazo de selva que te cuento?

Sus alas no tocan más que el aire en los espacios retorcidos, y gira aquí y allá en líneas no avisadas, como la lágrima de un mar fosforescente.

Y vuela tan lejos de ti, tan lejos de mí.

Justo como el camino desordenado de un jaguar.

Justo como el camino del agua.

Sobras

Siempre quise escribir algo de los perritos del mar, de los perritos de la playa. Yo tuve uno, blanco y peludo que se llamaba Blup. Lo recuerdo con el pelo lleno de malezas. En ese tiempo yo tenía apenas tres años.

Tengo una imagen de él con una tortuguita de mar en la boca. Era salvaje. Se escapaba al pueblo y perseguía a las gallinas de todo el vecindario. Después volvía a casa y teníamos que bañarlo y quitarle con un peine toda la suciedad, pero de nada valía, Blup se revolcaba en el piso de tierra y quedaba igual de sucio que antes y se sentaba en sus patas traseras y sacaba la lengua, como diciendo:

—¡Así me gusta!

Un día papá tuvo que pagarle a don Cristí dos mil colones, mil por el gallo y mil por una gallina que Blup había matado en sus correrías.

Pero este cuento no es la historia de Blup, sino la historia de Sobras, un cachorro, negro y peludo, de esos perritos que abundan en el pueblo. Algunos tienen dueño, pero los dejan sueltos para que anden por ahí todo el día y se rebusquen como puedan la comida. En la época del desove de las tortugas verdes, recorren la playa abriendo los nidos como los mapaches, y se comen los huevos.

Y en setiembre, cuando las tortuguitas están a punto de salir, abren también los nidos. Uno puede ver a dos o tres perros recorriendo la playa y a los zopilotes arriba, esperando que el perro se coma dos o tres tortuguitas.

Y ya Sobras estaba aprendiendo esas maldades.

Se me olvidaba contar que estos perros de la playa siguen a los turistas. Alguna bondad huelen en el aire y los siguen hasta el hotel donde trabaja mi papá y nosotros vivimos.

Se sientan con ellos a la orilla de la mesa, a la hora de la comida y los turistas les dan las sobras de los platos.

Los meseros y el gerente se ponen siempre de mal humor por eso, pero como pasa todos los días, casi siempre están de mal humor. Cuando los turistas no se dan cuenta recogen a los perros, los ponen en una lancha y los llevan de regreso al pueblo. Pero los perros vuelven al día siguiente a la par de los turistas que los acarician y les dan de comer sobras otra vez.

Por eso el perrito de este cuento se llama así.

A Sobras lo habían mandado al pueblo de regreso más de veinte veces, pero no aprendía, era un cachorrito sin dueño, de cinco o seis meses y ese día se vino siguiendo a unos turistas; un grupo de cuarenta que caminaban por la playa, fotografiando a las tortugas recién nacidas, y Sobras venía detrás de ellos, moviendo el rabo, alegre, pensando en las caricias y en la comida.

Cuando regresaban a los jardines del hotel, a uno de los turistas se le cayó el estuche con los anteojos. Nadie se dio cuenta, porque el hombre venía al final del grupo.

Entonces Sobras recogió el estuche con su boca y trató, entre un mar de piernas, de encontrar a su dueño, pero le fue imposible. Los turistas se esparcieron cada uno a sus habitaciones. Ese mismo día se marchaban de esta selva de nosotros a la ciudad.

Sobras trató de encontrarlo, olfateando debajo de algunas puertas. Recordaba el olor particular del hombre y una camisa con grandes flores rojas. Pero se dio por vencido y se fue a esperar el grupo a la entrada del restaurante.

Mientras tanto, el turista buscaba aquí y allá sus anteojos en la habitación. Era el único par que traía. Se tocó por cuarta vez las bolsas del pantalón y la bolsa de su camisa floreada. Levantó las sábanas, el colchón, buscó en el baño y revisó completa la valija. Pero en la habitación no encontró nada.

Recordó que en la playa se los había quitado porque estaban empapados de sudor, y los había metido en el estuche. Entonces caminó los jardines y la playa. Hizo el mismo recorrido, siguiendo las huellas del grupo en la arena y volvió sin haber encontrado nada.

Tuvo que bañarse de nuevo, cambiarse la camisa y quitarse ese olor a sudor que Sobras recordaba. El turista salió de la habitación, perfumado y limpio.

Sacudió la arena de las sandalias, se las puso y caminó por las aceras del hotel hasta el restaurante.

Sobras olfateaba aquí y allá, debajo de las mesas, pero entre esa mezcla infinita de olores, no podía identificar el olor del hombre de la camisa floreada.

Mientras tanto, el turista pasaba de mesa en mesa, preguntando si alguien había recogido, por casualidad, sus anteojos perdidos, y resignado hizo fila en el asador para retirar su desayuno.

Sobras seguía husmeando por todo el lugar en busca de algún indicio que le permitiera reconocer al dueño de los lentes, y al llegar a la fila movió suavemente el rabo.

—¡Estas sandalias! —pensó.

Subió la cabeza y la bajó de nuevo. No pudo reconocer la camisa de grandes flores rojas, pero siguió al hombre hasta su asiento en la larguísima mesa, donde desayunaba todo el grupo. El olor de las sandalias le trajo imágenes de arena, olas y tortuguitas deslizándose hacia el mar.

Entonces estuvo seguro. Le tocó un pie con su pata. El turista lo movió creyendo que había tropezado con algo y siguió tomando su café. Sobras insistió, ahora, dos veces. El turista, incómodo, se asomó debajo de la mesa y encontró al perrito sentado en sus patas traseras con el estuche en la boca.

—¿Qué tienes ahí? —le preguntó.

Y al momento en que la mitad de los turistas se asomaban también debajo de la mesa, exclamó:

—¡Son mis anteojos! Y tomó el estuche de la boca de Sobras que, moviendo el rabo, le lamió la mano.

El turista sacó los anteojos y limpió los lentes, levantó el mantel y miró de nuevo debajo de la mesa. Sobras seguía ahí, sentado en sus patas traseras.

En los ojos alegres del cachorro, el hombre vio su propia soledad y recordó el teléfono silencioso, el timbre vacío de la puerta de su casa, sus largos viajes…

Se levantó de la mesa en medio del silencio de sus compañeros, y con una voz que más bien parecía una ola del mar, exclamó:

—¡No me voy sin el perro!

Sobras sintió que su mundo se caía. Todo lo que había conocido: el bosque con sus árboles inmensos, los arbustos llenos de loras, los monos columpiándose en las ramas, los ladridos a la luna, las tortuguitas naciendo en octubre, los perritos del pueblo, la fila de turistas, el mendrugo de pan…

Y salió corriendo del restaurante.

Pasó por los jardines del hotel levantando una estampida de iguanas y de loras.

Llegó al mar, se puso a jugar entre los troncos y la arena, decidido a quedarse en el mundo que había conocido.

El mar de la selva

El mar en Tortuguero es el mar de la selva.

No es el Caribe luminoso de aguas turquesa y playas bañadas por olas transparentes. Es un mar de olas enormes.

No es el mar de palmeras y arenas blancas donde los niños caminan juntando caracoles. Es el mar de la selva.

Agitado y fiero con aguas oscuras por el sedimento de los grandes ríos.

Aquí la playa está llena de espuma.

Aquí la playa está llena de troncos y animales.

Aquí una selva comienza donde la arena termina, y es justo el lugar donde un jaguar asecha.

El viaje

Yo vine con mis padres cuando tenía seis meses. Ellos decidieron salir de la ciudad para comenzar una nueva vida, en estas selvas donde todo es ríos y mar.

Papá entró primero que nosotras, en una pequeña lancha que empezó a descender los raudales del río Reventazón. Había preparado todo durante días, y traía una nevera que ocupaba la mitad de la pequeña lancha, ollas colgando, sartenes, ropa de cama, equipos de pesca y un toldo azul con ribetes blancos.

En las orillas del río Parismina las personas vieron pasar esa montaña de escombros de ciudad.

Me cuenta Modesto Watson que la pequeña lancha de mi padre iba con el motor abollado por los golpes en las piedras y los troncos, cuando entró en el caño que une el río Reventazón con los canales del Tortuguero.

Caño Negro es la entrada a esta selva grande. Las palmeras enormes de yolillo, la variedad de árboles y ese olor a cerdo salvaje, a jaguar, a tapir, y el color del agua, oscura por el tanino de las hojas y las ramas.

Y dicen que la lancha dudó, que mi padre dudó, cuando tuvo que sortear el cuerpo de los manatíes y creyó haber visto a Dios en un recodo haciendo figuritas humanas con el barro.

Pero a él y a la lancha les había costado cuarenta años tomar esa decisión y siguieron por el caño hacia el principio del mundo.

El Tortuguero que había conocido en su infancia estaba lleno de pájaros y peces. Recordó la exuberancia de los árboles, altísimos, llenos de nidos de oropéndola y el vuelo verde de los papagayos y las loras.

Un oso perezoso subió lentamente a un árbol de guarumo, y papá creyó ver el río de entonces, donde podía caminar de un lado a otro sobre los lomos de los sábalos reales, en una agua blanquísima por la espuma de los coletazos.

Y me cuentan los boteros, que los pequeños pueblos de entonces: Parismina, Tortuguero, Barra del Colorado, eran un puñado de ranchos perdidos en las márgenes de los ríos. Desde Tortuguero había que caminar por la playa como cuatro horas para cambiar carne de saíno o pescado seco por sal, arroz o manteca, ya que el dinero no se había inventado para entonces.

Mi padre recordó ese lugar de su infancia cuando salió a la laguna principal y dejó atrás el Caño. Por la intensa vegetación enmarañada, y la multitud de pájaros de todos los colores, pensó que Dios ya había pasado por ahí.

Las compañías madereras solo habían cortado los árboles de cativo y alguna que otra madera buena para hacer el plywood. Tengo un recuerdo de las barcazas trasportando los troncos, unidos con cables, hasta el Puerto de Moín.

Los almendros no fueron tocados. Su madera es dura como el hierro.

—El rey del bosque —pensó mi padre, mientras sumaba los nidos de oropéndola que colgaban de una rama, a más de cuarenta metros de altura.

Don Pedro Barrios hablaba de esas barcazas cargadas de tucas, atravesando el oleaje de la desembocadura, los bandazos de las olas en la cubierta y las tucas sueltas por el espumarajo de la furia del agua.

—Hay una tuca enorme de caoba que se desprendió de la grúa e hizo mecer al barco como un juguete. En algún lado está, enterrada en la arena —le había dicho don Pedro, cuando papá empezó a aserrar las maderas varadas en la playa, años después, para hacer los muebles de la nueva casa.

El espejo de agua es como una fotografía, y refleja un bosque idéntico en la superficie del río.

Mi padre en un momento se sintió perdido, y creyó ver la imagen de un monito que salía empapada, y vio también a las garzas volando en el espejo del agua.

Tortuguero tenía para entonces no más de seiscientos habitantes.

Una pareja, ocho hijos, digamos, en total sesenta ranchos, cuatro o seis apellidos que se repetían: Benlys, Rankin, Williams, Petters, Taylor, González, Alemán.

Era un pueblito del Caribe.

Los primeros pobladores abrieron un pedazo de selva, ochenta años atrás para sembrar una casa.

Después plantaron los árboles de coco, seis gallinas, dos chanchos y al perrito Cumí. Y sobre todo tenían el río, los peces, la yuca, el plátano, el chile habanero, un poco de arroz, y los hornos de barro desprendiendo la copra, el aceite del coco.

Después los hijos, muchos hijos, necesarios para poblar estas soledades, niños casi desnudos con las pancitas hinchadas de parásitos, pero tan alegres, tan río, tan garza, tan anzuelitos de barro. Esos niños de entonces son los hombres que había conocido, años atrás, la primera vez que vino con mi abuelo.

La enorme nevera que ocupaba la mitad de la lancha le dificultaba ver el horizonte, la laguna que al final se achicaba.

—¿Para qué llevás la nevera si no hay electricidad? —le había dicho mi abuelo.

—Algún día servirá —le respondió mi padre.

Traía la mirada llena de garzas, tortugas de río, osos perezosos, tucanes, monos congos, cariblancos y todos los animales que se había topado en el camino, cuando divisó a lo lejos las primeras casas del pueblo.

El cielo empezaba a encapotarse con esas nubes oscuras que arrastra el viento desde el mar. Sintió que frente al pueblo había una isla y la vio moverse, le buscó los ojos, pero todo eran árboles.

—Las islas son peces —le había dicho Modesto, su amigo de la Mosquitia, en Nicaragua.

Peces enormes que vinieron del mar hace muchos años y encallaron en el río, y esperan una crecida, un diluvio, como el que amenazaban esas nubes, para desencallar, para sacudirse los siglos y volver al mar donde pertenecían.

El pueblo ha crecido un poco desde entonces. Está asentado en una angosta franja de tierra de doscientos metros de ancho, entre un mar Caribe salvaje y una laguna plácida, y entre los hierros retorcidos de un antiguo aserradero, donde se levantan los ranchos y el caserío. Un antiguo aserradero venido a nada con el tiempo. Abandonado como el bosque por los madereros, a la mano de Dios nuevamente.

Y para ese tiempo en que la lancha navegaba pesadamente con su carga, el aserradero era simplemente un amasijo de hierros retorcidos y el bosque había recobrado su brío de antes.

Pasó frente al Bar La Culebra, una construcción desvencijada sobre la laguna, a punto de caer, y los hombres lo veían desde el barandal, atónitos por el toldito, por la nevera. Los niños también interrumpieron sus saltos, desde un árbol de fruta de pan al río y dejaron de chapotear, mientras la lancha pasaba con su motor cansado, y al verlos nadar mi padre recordó las aletas de los tiburones en la desembocadura. Y cómo un pescador podía sacar cien tiburones si quería. Y también recordó las historias de la gente que había desaparecido entre una mancha de sangre sobre el agua. Tiburones Toro del gran lago de Nicaragua, que habían vivido adaptados al agua dulce en todos los ríos y canales.

Pero la Compañía tiburonera de Pastora había dejado el río y el mar sin esos peces grandiosos.

Papá, poco a poco, dejó atrás el caserío del pueblo. Estaba muy cansado pero siguió entonces en medio del ruido del motor abollado.

Faltaba poco para llegar a la tierra de su padre, una pequeña ganadería diezmada por las serpientes.

Se acomodó la capa azul, el gorrito debajo del sombrero, y sintió de nuevo el diluvio sobre su cara.

Tal vez le hubiera gustado más estar en su casa en la ciudad, abrir la nevera, leer un buen libro, tantas cosas, pero había decidido con mi madre comenzar una nueva vida. Ahora estaba en medio del aguacero y casi no se veía nada.

Cuando escuchó que una radio Sony de banda corta interpretaba la Novena Sinfonía, supo entonces que había llegado.

Arrimó la pequeña lancha a un playón, frente al rancho de Tunan y se quedó ahí, sentado en el silencio del motor, escuchando la música y la lluvia.

JICOTEA

Sobre ese tronco en el agua que apenas sobresale hay una tortuga jicotea llena de mariposas amarillas.

Las mariposas son soles pequeños que giran y giran alrededor de su cabeza. Se posan sobre el duro lomo y ella apenas mueve su cuello rugoso.

Para las mariposas las lágrimas de la jicotea tienen la sal de la vida.

Para la tortuga es un mundo de alas, de pétalos, el universo entero que gira y gira, amarillo como el fuego, alrededor de sus ojos diminutos.

Una tortuguita sale del nido

Una tortuguita sale del nido en un amanecer. Es Tortuguero y el mar ruge.

Ella ve por primera vez ese desierto de arena y siente en el aire la brisa de las olas.

La tortuguita siente su piel, su carapacho verdoso, sus aletas, sus ojos diminutos que ven este mundo nuevo.

—¡Soy yo! —piensa, mientras sus hermanas mueven como un volcán la arena.

Ella ve en la oscuridad el reflejo de la luna sobre el mar, y en este cielo de octubre la luminosidad de los planetas y las constelaciones.

Todo es temor en este inicio del mundo. La playa, los troncos, las huellas en la arena, lo que debe sortear en este camino que apenas imagina.

—¿Hacia dónde ir? —se pregunta—, ¿hacia esas olas inmensas?, ¿hacia esa cortina de espuma?

Todo es movimiento en esta playa de troncos. No solo la brisa del amanecer que levanta algunas nubes de arena, sino las garzas de todos los colores, los buitres, las cigüeñas, un mapache y sus crías, los cangrejos, tres perros flacos que olfatean el aire y un ejército de hormigas rojas, pequeñísimas.

—¿Adónde ir? —se pregunta de nuevo, quieta, a la par de sus hermanas.

Ve el mar, pero…

—¿Será el mar?

O tal vez debe ir hacia ese cangrejo, hacia sus tenazas filosas como cuchillos.

La playa está repleta de huecos y pequeñas madrigueras, y los cangrejos están gordos y esperan la próxima tortuga.

Mientras ella ve el mar a lo lejos, tan fiero y las tenazas tan dulces y pequeñas, la madriguera honda y oscura, entonces se pregunta:

—¿Serán los cangrejos o será el mar?

También ve los buitres que caminan en la playa, sus picos filosos, y los imagina más suaves que ese mar inmenso y fiero. Aunque ella está quieta, escondida, y tiene el mismo color de la arena húmeda, el mismo color de su pregunta:

—¿Serán los picos o será el mar?

Un perro le ladra de repente a la espuma. No es uno, sino dos, tres… y la tortuguita ve en la piel de los perros el color de la pobreza, son animales nuevos en la selva. Buscan en la arena, escarban en la arena y oye el sonido seco de una boca al cerrarse, el sonido de un colmillo al chocar con el dolor. Los perros sin dueño están gordos en esta época del año y uno puede verlos con las tortugas pequeñas en su hocico de perro.

Pero la tortuguita no lo sabe. Ve sus lindos colores, sus tímidos ojos, y ella se pregunta:

—¿Serán los perros o será el mar?

Tal vez las hormigas, esas pequeñísimas, que brillan doradas en los días de octubre y caminan la playa en su fila de muerte, buscando los nidos abiertos. Pero la tortuguita aún quieta, repasando la arena, ve sus antenas juguetonas, sus colores, la fila graciosa, tan familiar. Y espera, mientras se pregunta:

—¿Serán las hormigas o será el mar?

De repente todo el nido empieza a moverse, ella empieza a moverse. Siente la respuesta a su pregunta en la brisa, en la claridad, en el reflejo de las estrellas sobre el agua.

Inicia entonces, con sus hermanas, la loca carrera hacia las olas, en medio de esa maraña de huellas y de troncos y hondonadas en la arena dejadas por el viento y por la lluvia.

Se desliza con sus pequeñas aletas entre picotazos, plumas, el sonido de tenazas, el ladrido de un perro, el veneno de miles de hormigas de fuego.

Siente la brisa, el ruido de las olas y ella se detiene, otea el aire y sigue en su vertiginosa carrera a pesar de todos los peligros. Llega a la orilla húmeda del agua, a la espuma, su refugio, a la tibieza del mar y siente el abrazo de una ola inmensa y se consume en ella.

Saca la cabeza del agua, respira y ve la inmensa playa.

Sabe entonces que la respuesta es el mar.

UN PEDAZO DE HOJA

Las hormiguitas, esas que cruzan el sendero a la playa, han dejado el árbol de ilán-ilán hecho una calamidad, sin ramas y sin hojas.

Una a una bajan con su pedazo de hoja, una a una suben con sus tenazas vacías. Dos caminos en el mismo camino.

Y ellas se tocan en silencio.

Con el roce sutil de sus antenas conversan de la vida:

—¡Cómo has estado, hermana!

—¡Yo vi una mariposa!

—¡En el árbol aquel las hojas tienen alas!

—¡El mar es apenas un grano de arena y una gota de espuma!

Y esto es así la tarde y la mañana.

Van y vienen deshojando el camino del árbol a la tierra.

Por las noches la luna alumbra un sendero vacío.

El mundo estaba completo

Lo primero que hicimos fue el mar —dicen Nicole y Karina—, este mar del Caribe. Les juro que no había nada. Pensamos poner el agua y la sal en el agua, pero no había arena ni algo donde reposara el agua, y entonces tuvimos que comenzar a moler toneladas de roca, corales que aún no existían y hacer la arena, que es la cama del mar.

Solo así pudimos poner el agua y que no se filtrara hacia la nada, ese gran hueco que es la nada y se hubiera llevado el agua no sé a dónde.

Entonces vimos que en esta gran soledad que era antes, ahora había arena y mar. Un mar quieto, y nos pareció que era necesario el movimiento y se nos ocurrió hacer una ola muy grande. Cayó pesada sobre la playa que habíamos hecho y todo lo barrió, mi hermana y yo corrimos empapadas con los vestidos llenos de arena.

Tuvimos que hacer la ola más pequeña, dividirla, hacer una ola tras otra, y nos pareció bien que así fuera, pues la ola entonces bañaba la arena dulcemente.

Después hicimos un tronco, aunque todavía no había árboles ni nada y nos sentamos, mi hermana y yo nos sentamos, a ver el mar que habíamos hecho con su camita de arena, olas pequeñas y suaves. Vimos que era muy bonito y nos entusiasmamos con ese mar.

Pero el cielo estaba muy solo. Se nos ocurrió llenarlo de fragatas, gaviotas y un pelícano pardo, el cielo se vio entonces con pájaros y nubes.

—Pájaros flacos —dijo Karina—, tanto volar bajo este cielo azul en un mar sin peces.

Fue entonces que comenzamos ese trabajo larguísimo de poblar el mar con nuestras ocurrencias.

—Hay que darle de comer a las gaviotas, al pelícano pardo —agregó Nicole—, y llenó el mar de sardinitas plateadas.

Después vimos a los pájaros clavarse en el mar, comer y comer hasta quedar satisfechos.

Nos sentamos entonces en el tronco y vimos ese mar en movimiento, y pensamos qué más poner debajo de las olas.

Se nos ocurrió una ballena jorobada, una cría de ballena también a la par de su madre y un enorme chorro de agua salió a la superficie, y una cola partida se hundió, dejando una estela de espuma.

Pero el mar, la superficie del mar, estaba muy quieta y soplamos, mi hermana y yo soplamos, para que una brisa suave levantara olas pequeñas y vimos que tenía movimiento.

Así empezamos a llenar ese mar de peces y de vida.

Entonces caminamos por la playa que habíamos hecho. Había agua, arena y algo de espuma, pero nada más. Recordamos cómo los niños disfrutan juntando piedras y caracoles en la orilla del mar, y entonces aquí y allá fuimos poniendo todas esas cosas, también hojas de árboles, que no existían todavía.

Fue dificilísimo hacer las palmeras con sus tallos largos, los cocos y las hojas moviéndose con la brisa.

Después las platanillas, los icacos y las plantas rastreras de la orilla. Todo lo fuimos llenando de plantas pequeñas y de flores, hasta llegar a los grandes árboles de cedro, de caobilla, los cativos y una ceiba inmensa llena de orquídeas y bromelias.

Un pulpo es complicadísimo de hacer, sobre todo sus largos tentáculos, las ventosas, su cabeza ovalada por donde el agua fluye; o la tinta, esa mancha en el agua de este arrecife, que es una roca viva con corales en forma de abanico, redondos, como árboles secos de colores vivísimos, que mi hermana y yo hicimos en esta esquina de la playa.

Hay seis calamares quietos en la corriente, apenas perceptibles, cambian sus colores fosforescentes, y los peces ahí, los colores ahí —¿los ves?—, mi hermana hizo los peces rojos y amarillos, yo puse los azules, que son como lágrimas de dios. Pusimos ostiones en las rocas, que nos gustan mucho y una almeja roja, encerrada en su vestido de nácar.

Si nadas en este mar, algunos peces te picarán la piel, buscándote las manchas, pero no te harán daño.

A los tiburones no los pusimos en el arrecife, sino en otro lugar, allá, en el mar profundo, donde la vista apenas alcanza el horizonte, en esa línea que divide el mar del cielo, ahí podes ver los tiburones, grandes y fieros en ese azul, a la par de tres delfines que saltan fuera del agua.

Y al terminar de pintar ese mar profundo, sentimos que el mundo estaba completo.

Entonces, Nicole y Karina, de pie, frente al resto de la clase, le entregaron su dibujo a la maestra.

EL ÁRBOL DE LORAS

Qué martirio con estas loras, con estos pajaritos del buen Dios.

Traté de dormir, pero sus gritos son azules, tan azules que me he sentado frente al río a escuchar el silencio.

Pero los gritos de tantas loras, tantas, hacen el silencio imposible.

Sus gritos son un desastre en esta mañana brumosa.

Y vuelan en parejas, verdes como son, con un penacho rojo, y sus colores encendidos tiñen este cielo plácido.

El desayuno de la mañana está lleno de loras.

La mesa donde trato de escribir en silencio, llena de loras.

Hasta el aire está lleno de loras.

Y en el árbol aquel las hojas tienen alas.

VICTORINO

Cuando Victorino llegó por primera vez, vimos pasar el bote por la orilla opuesta del río. El bote y el hombre eran uno.

Victorino parecía la rama de un tronco que flotaba, algún tucán podía equivocarse, un martín pescador, azules como son, y pararse en sus brazos.

Pero era un hombre y un bote que venían remando desde Puerto Viejo, río arriba a más de cien kilómetros de distancia.

Lo vimos pasar y nadie supo para qué había venido, de otra selva de él a nuestra selva. Victorino no hablaba. El silencio y el bote eran su mundo.

Desembarcó en el terreno de Alejandro, que lo vio llegar en medio de la tarde. No lo conocía, pero le pareció su propia sombra, su propia pobreza.

Tenía un hacha en la mano y en el piso un poco de leña, cuando Victorino amarró el bote en la raíz de un guarumo y entró al rancho.

No traía nada, que es como traer la libertad, y se acurrucó como pudo en una esquina. Alejandro abrió un coco de agua y se lo ofreció. Las pobrezas son amables y se comprenden a pesar del silencio.

Victorino y Alejandro aprendieron a compartir los trastos viejos, en ese rancho con techo de plástico negro y piso de tierra, en medio de una maraña de árboles y lianas.

Desde el primer día que llegó, Victorino pasaba horas sentado en un tronco viendo el mar, viendo las olas, para eso había viajado tantos kilómetros desde su selva sin mar, río arriba.

Para nosotros, desde siempre, el mar está ahí, a pasos de nuestras casas y vivimos con el sonido de las olas, como si estuvieran cantando en una rama.

También, desde el primer día, Victorino aprendió a sacarle provecho a la playa. Justo como las gaviotas, recogía pequeños cangrejos y alguna que otra sardina varada en la arena.

Cortaba una fruta del árbol del pan o el corazón de un coco joven, y hacía un caldo, una fritura, en la vieja cocina de Alejandro. Siempre dividió su comida entre los dos, aunque fuera la frugalidad de una sardina. Y la dejaba sobre la mesa. Alejandro cocinaba un poco de arroz en la noche, que alcanzaba para el día siguiente.

El viejo Alejandro tenía el encargo del cielo, de llevar y traer a los niños de todas las casas de la ribera del río a la escuela, una escuela perdida entre la selva. Tenía un bote rojo y un motor regalado, que veíamos pasar lleno de niños y cuadernos. Nadie le pagaba y regresaba a su rancho con la misma pobreza con la que había salido. Se sentaba en la mesa porque era medio día y comía el arroz y la media sardina. Después pasaba la tarde en la entrada del rancho, viendo el río.

A esa hora se oía apenas el golpeteo del hacha en la playa, como a doscientos metros de la lluvia. Victorino empapado cortaba leña.

Nuestra playa está llena de troncos y de ramas que baja el río en las crecidas, trozas inmensas que se soltaron de las barcazas madereras hace muchos años. Está llena también de desechos de los barcos y de pequeños caracoles. Y cuando Victorino vio esa cantidad de leña, brasa para el fuego, para el hervor de los frijoles, para la fiesta de la fritura, comenzó la tarea de picar toda esa inmensidad de madera abandonada.

Por las tardes, Victorino pasaba frente a mi casa con el bote cargado de leña en medio de la lluvia, yo veía el silencio de los remos en el agua y el bote avanzando contra la corriente hacia el pueblo. Acomodaba la leña debajo del almendro, en el desembarcadero principal, frente a la pulpería, y ahí la dejaba, sin decir nada, simplemente la dejaba. Regresaba en su bote al atardecer debajo de la misma lluvia para compartir con Alejandro el arroz y la sardina.

Al día siguiente era lo mismo. Y así durante días, hasta que el almendro no podía más con tanta leña bajo su sombra.

Las personas del pueblo entendieron que Victorino les traía la leña, a ellos, en silencio, para que compartieran con él la fiesta de la cocina.

Y desde ese día, las mujeres del pueblo se turnaban para dejarle sobre la leña, en un atado de hojas de platanilla, alguna comida caliente.

Para Victorino lo más importante era el mar. Había venido desde tan lejos solo para conocer el mar. Tengo una imagen de él sentado en un tronco en la playa, durante horas, viendo las olas, el movimiento de las olas, que revientan una tras otra, inmensas. En este mar oscuro de sedimentos que es nuestro mar, viendo la espuma amarilla que el viento mueve sobre la arena y los troncos de la playa.

Y el horizonte, así, infinito, hasta donde la vista alcanza, cortado muchas veces por el lomo plateado de los sábalos o los róbalos, o la aleta de algún tiburón toro.

Viendo las garcillas, o las gaviotas, o una bandada de pelícanos pardos volando en formación sobre las copas de las palmeras y los árboles. Y Victorino, ahí sentado, en medio de tanta inmensidad, como una rama del tronco, y los pájaros del mar picoteando a su alrededor sin temor alguno.

Y así pasaron los meses, hasta que decidió regresar a su selva, montaña adentro.

Ese día limpió del hacha la maraña de maderas que había picado, los gritos de los pájaros que habían anidado años atrás en esas ramas resecas, las sombras de los monos que habían dormido en las copas de esos árboles antiguos, y la puso en el mismo lugar donde la había encontrado.

Solo así se dio cuenta Alejandro, después de haber llevado los niños a la escuela, que su amigo se marchaba.

Victorino no dijo nada, puso sus ojos de ternura sobre los ojos de Alejandro y salió del rancho.

Yo lo vi pasar de nuevo remando frente a mi casa en la ribera. Sin leña esta vez. Y supe entonces que regresaba a su selva río arriba.

Parecía la rama de un tronco que flotaba y, atrás de él, un grupo de gaviotas, de este mar nuestro, graznaban sobre el bote.

El mar es artesano

Yo he caminado esta playa desde mi infancia, hecho los túneles y los castillos con mis palas de colores, con mi balde amarillo, justo en el paredón de arena donde la ola termina, donde el viento levanta la espuma.

Pero hoy la playa está llena de pequeños trozos de madera, amontonados en este lugar por las corrientes.

El mar es artesano y ha hecho esta figura de gaviota, la escama de algún sábalo, un delfín y su cría, un perro, la cabeza de un ciervo, un pájaro que vuela, y pulido los nudos de madera que cayeron al río desde las ramas altas.

Hoy estoy aquí con mi balde repleto de esos pequeños tesoros.

En mis manos, los trozos de madera cobran vida y me siento en la arena a conversar con un perro perdido, con una zarigüeya, con un carbón pequeño que me habla de un incendio, con un pájaro azul que reposa en su nido.

EL BOTE DE ALEJANDRO

Para Alejandro Peters, in memoriam

El bote de Alejandro es un enredo de niños y tucanes. Lo veo en su ir y venir con el sonido ronco del viejo motor, casi desde que tengo memoria. Siempre quise viajar en ese bote, con mis cuadernos a la escuela, como todos los niños de Tortuguero, pero yo era muy pequeña para entonces.

Recuerdo el bote pasar frente al rancho de hamacas, donde yo jugaba haciendo túneles y caminitos en la tierra. Pasaba temprano en la mañana y los niños de la ribera iban con sus uniformes limpios y planchados.

El viejo Alejandro no pudo aprender a escribir porque en el tiempo de su infancia no había escuela aquí ni a muchos kilómetros de distancia.

Sus padres vinieron a esta selva de nadie, que era el Tortuguero, desde la Mosquitia, en Nicaragua. Y se habían quedado aquí, en medio de esta soledad. Alejandro recordaba los ojos tristes de su padre cuando le llevó un papel impreso que no entendía.

—Papá, quiero aprender a leer —le dijo.

Pero en el Tortuguero de esos tiempos solo había selva, lluvia, río, peces, palmeras de coco, iguanas, y este mar salvaje que es nuestro mar.

Por eso, cuando Alejandro vio la escuela que había construido el Gobierno, tantos años después de su infancia, justo en medio de la selva y al maestro sentado, solo, sin alumnos, frente al río, pensó que alguien debía llevar los niños a esa escuela vacía.

Y dicen que Alejandro se fue al bosque, escogió una ceiba inmensa, y empezó con el hacha y con el fuego a hacer un bote.

Y a los días, cuando el bote pasó, embadurnado y rojo como el achiote, frente a las casas que estaban desparramadas a lo largo del río, a la gente le pareció que Alejandro cantaba, y que el árbol navegaba con sus recuerdos vivos.

Al día siguiente, Alejandro remó desde su rancho, temprano en la mañana, llegó a la primera casa:

—¡A la escuela! —dijo.

La familia salió y, sorprendidos, vieron el bote rojo y, en la popa, al viejo Alejandro con una sonrisa enorme pintada en la boca.

—¡A la escuela! —repitió.

Los niños corrieron a buscar los cuadernos y los lápices.

Y así pasó de casa en casa, hasta que el bote estuvo lleno de niños y el viejo remó lentamente a esa escuela perdida entre la selva. El maestro salió del aula apartando los helechos y las bromelias que le habían crecido a la escuela en el techo y, extrañado, por la llegada de los niños y por la sonrisa del viejo, dijo tímidamente:

—Al aula, niños —y la pizarra se llenó de palabras y de números.

El viejo regresó remando a su rancho con una alegría que le reventaba los botones de la camisa. Se bajó del bote para esperar la hora de salida de la escuela y entró a su rancho. Se sentó en un banco de madera y observó la fotografía de su esposa en un marco de metal, detrás de un vidrio quebrado como un vaso.

Salió dos horas antes del final de la clase. Tenía que remar mucho río arriba para llegar a la escuela. Una leve llovizna presagiaba el diluvio de la tarde, entonces puso en el bote un poco del plástico negro que cubría el techo del rancho, pensando en tapar a los niños de la lluvia, y empezó a remar.

En el camino sintió que la vieja ceiba despertaba con el agua y vio sus retoños en los costados del bote. El viejo estaba acostumbrado a la montaña y no se extrañó al ver la sombra de los saínos y los monos, ni con la danta y su cría que resoplaban en la estela del bote, y en medio del diluvio de la tarde llegó a la escuela justo a tiempo. Cubrió a los niños con el plástico del rancho y los fue dejando uno a uno en sus casas.

—Mañana lo mismo —dijo.

Al regresar de nuevo al rancho encontró el colchón empapado, también la leña y la cocina. Tapó de nuevo el techo con el plástico negro y encendió el fuego para hervir una fruta de pan que había encontrado en el camino.

Después, pasó el resto de la tarde con la mirada perdida entre el río y la lluvia.

Al día siguiente fue lo mismo. Alejandro se levantó con el aullido de los monos en la madrugada, alistó el bote y salió dos horas antes hacia las casas de los niños.

Y esto se repitió por varios años, hasta que una organización encargada de cuidar a las tortugas verdes, le regaló a Alejandro un viejo motor de gasolina. Es el que oigo pasar, ahora que me veo a mí misma jugando en el piso de tierra del rancho, lleno de torrecitas y castillos.

Un día, Alejandro no llegó más por los niños. Ellos esperaban con sus uniformes planchados y sus libros.

Pero habían podido más los años y la enfermedad.

Al viejo lo llevaron a la ciudad de Limón, al hospital, y nunca más volvió a Tortuguero.

Dicen que está en un asilo de ancianos, con una pierna amputada por la diabetes. Y que siempre le cuentan que los padres, de los niños de ahora, se turnan para llevarlos y traerlos a la escuela.

Y que tienen un bote nuevo, porque a su ceiba, cuando se fue, se la llevó el río en una crecida.

Mi padre encontró un pedazo del bote años después, una mañana que caminaba por la playa, en la desembocadura. Vio sus nidos tristes, los gritos de los tucanes pegados en la madera del tronco y encontró esparcidas en la arena las sombras de los monos, los nidos de las oropéndolas que lo poblaron, el recuerdo de los niños y la sonrisa del viejo Alejandro.

Y dice papá que en la punta del pedazo de bote, estaba la esperanza graznando como un pájaro.

A LA FÁBRICA DE PLYWOOD

¡Arrecien olas, arrecien!

Son pequeñas para tanta osadía, para tanto valor de capitanes. Tan pequeñas que no logran mojar ni el musgo de las trozas que arrastra en fila la barca maderera.

Que no haya capitán en el poblado que se aventure a la boca del río; nadie se atreva con el timón, ni el mismo Wilton, ni Atanasio.

Desolada queda la ribera, desolado el crique y la quebrada.

Mil árboles yacen derribados en el cauce, mil entre cedros, almendros, cativos, espaveles…

Hay diez mil nidos perdidos de oropéndolas, cincuenta mil huevos, seiscientas iguanas y garrobos, quinientos zorros y monos colorados, un águila arpía, una pareja de guacamayas, trece zopilotes, un tigrillo y quince manigordos.

Tanto revoloteo de alas, tanto nido que cuelga en el vacío, el congo que bramaba en el último cativo.

¡Que dé vuelta y vuelta la barca buscando la calmura de las olas! ¡Vuelta y vuelta sin troza la moledora de madera!

Nadie se atreva a derribar la casa de la iguana. Nadie construya su casa de la casa del otro.

Hay tanto nido muerto en la fábrica de plywood.

EL CABALLITO DE FUEGO

En Tortuguero cuentan que había una niña y un caballito de fuego. Esto ocurrió hace muchos años, frente al mar, en esta playa llena de ramas y de troncos.

En un pequeño rancho de palma vivía la niña y, en el brasero, donde su madre hervía los frijoles, vivía el caballito.

La niña se llamaba Elvira y era tan pequeña como seis años y tan morena como un río en invierno.

El caballito era una brasa y relinchaba, agitando su melena de fuego, entre la leña.

—¡Un caballito! —gritó la niña al verlo por primera vez, y metió su mano en el brasero, pero el fuego le chamuscó los dedos.

Así se conocieron.

—¡Brasa! —gritó Elvira, olvidándose del dolor de la quemada.

El caballito levantó el cuello y batió su roja melena porque ya tenía un nombre. Su relincho hizo temblar el negro caldero que hervía sobre las piedras.

Elvira se quedó horas y horas frente al fuego, viéndolo saltar los troncos apiñados y asomar los ojos diminutos detrás de los maderos.

Esa noche, el caballito galopó encendido entre los duendes, el jaguar con ojos turquesa, los peces de alas transparentes y las olas que poblaron el sueño de la niña.

Sobre las cenizas, Brasa, levantaba la cabeza recordando la caricia.

A la mañana siguiente, Elvira se paró frente al brasero y esperó a oír el débil relincho, al tiempo que el caldero empezaba a hervir. El caballito salió tímidamente de entre la leña y movió su cola de llamas cuando la niña gritó su nombre.

Después le habló de la lluvia porque estaba lloviendo y a ella le gustaba mucho ver caer las gotas desde el techo de palma. El caballito abrió los ojos, asustado.

—¡Llueve! —y pensó en los caballos que viven en las fogatas de la playa y en los grandes incendios del bosque.

La lluvia es su peor enemigo.

Después de un aguacero desfallecen empapados y les cuesta mucho recuperar el brío con la madera mojada. Ya había probado el dolor que producen las gotas en el cuerpo, y por eso, cuando la madre de Elvira puso el agua, se escondió y solo sacaba las chispas de los ojos.

Ese día y muchos más, el caballito y la niña pasaron juntos. Esperaban ansiosos el amanecer y permanecían uno frente al otro todas las horas del día. Brasa relinchaba mirándole las manos, y bajaba la cabeza. Pero la niña aún recordaba el dolor de la quemada. Entonces le contaba de los peces, del sol, de la fila de hormigas llevando pedazos de hoja hasta su nido, de las tortugas cuando rompen la cáscara del huevo, del bote azul de su padre, de las redes, en fin, de todas las cosas que Brasa no podía conocer desde el brasero.

El padre de Elvira, que era pescador, empezó a preocuparse por la niña.

—Algo le pasa a Elvira —le dijo a su esposa una noche, mientras se refrescaban con la brisa del mar, sentados en la playa—, siempre que vuelvo está frente al fuego en la cocina.

—También en el día —dijo la madre.

—Debe ser el hambre.

La pesca había estado muy mala en esos meses, y el hombre, aunque tiraba los trasmallos y las cuerdas, apenas lograba atrapar algo, para mitigar un poco la pobreza.

—Debe ser el hambre —repitió la madre.

Desde que una rama de almendro le dio vida, entre cafeteras y sartenes, el caballito vio el rayo de luz que entraba por la puerta del rancho, y escuchó el canto de los pájaros junto al silbido del viento. Quiso salir. Ver con sus ojos las maravillas que imaginaba en ese mundo que se abría detrás de las ventanas. Ver las olas, el mar, y sentir el miedo inmenso por el agua que sienten los caballos de la playa. Pronto supo que su deseo era solo un sueño para un caballito de brasero.

Cuando Elvira apareció por la puerta la primera vez, el caballito vio en sus ojos el mundo que había soñado conocer.

—Pero soy demasiado caliente —pensó, y empezó a suspirar en una esquina del brasero.

Junto a él estaba echado un caballo viejísimo, sin dientes ya y con el cuerpo blanco de cenizas, que desde hacía mucho tiempo solo esperaba la muerte.

—¿Es por la niña? —le preguntó.

—¡Sí! —respondió Brasa.

El viejo caballo le contó de los muchos viajes que había hecho y de todos los fuegos imaginables.

—Hasta que llegué a este brasero. Es el único fuego permanente. Aquí pienso morir —dijo.

—¿Cómo pasabas de un lugar a otro? —le preguntó Brasa.

—Vivir en el frío es posible por corto tiempo. Algún día conocerás el secreto —le dijo el viejo.

Emocionado, el caballito se levantó en sus patas traseras.

—¡Hay una manera! —pensó, y por más que tocaba al viejo caballo, no logró despertarlo. Esa noche, Brasa soñó con estar en las manos de la niña, conocer qué había detrás de la puerta. Imaginó el mar, las olas, todas las cosas que no conocía.

Elvira llegó en la mañana con una pluma blanca:

—¡Es una gaviota!

Brasa se sacudió, y las últimas cenizas de la noche se desprendieron.

—¡Una gaviota! —pensó, y le buscó la cabeza.

Nunca se había imaginado a una gaviota así, sin patas y sin pico. La niña seguía moviendo la pluma en el aire y dando vueltas por la cocina imitaba el vuelo de las aves.
—Es solo una pluma, Brasa —y le acarició con ella la nariz. De inmediato la pluma ardió y tuvo que soplar y soplar para apagarla.

—Soy demasiado caliente —pensó.

Esa noche, cuando la niña se había ido a dormir, Brasa se acercó al viejo caballo. Le sopló las cenizas y le preguntó, con un susurro en el oído, por el secreto para salir del brasero.

—Estoy muy cansado —dijo, abriendo débilmente los ojos—, pronto voy a morir.

Brasa le acercó pedazos de leña para que se calentara.

—Estoy muy cansado —dijo, cerrando los ojos y, al instante, quedó cubierto de cenizas.

Desde que Elvira conoció a Brasa, las cosas pequeñas tenían para ella otro significado. Se entretenía con las flores diminutas, las semillas de diente de león, las hojas del árbol de guarumo, las ramas con formas caprichosas que el mar arrojaba a la playa en las mareas más altas. Quería enseñarle el mundo.

Pero lo que comenzó siendo un juego se convirtió poco a poco en la desesperanza. Las cosas que traía la niña ardían al solo contacto con el cuerpo de Brasa, y el caballito se internaba con tristeza entre las llamas y desde la leña asomaban las chispas amarillas.

Elvira quería acariciarlo, pero le tenía mucho miedo al crepitar del fuego.

—Soy demasiado caliente —repetía Brasa, y buscaba de nuevo al viejo caballo que apenas podía levantar los ojos. —Tengo que aprender el secreto del frío. Poder salir del brasero —le repetía.

—Estoy muy cansado, tal vez mañana —le respondía el viejo, antes de caer en el mismo sueño.

Un día, Elvira encontró a un cangrejo ermitaño debajo de una hoja. Corrió hasta el brasero, y llena de alegría hizo que Brasa admirara los colores del caracol diminuto, pero al acercarlo el cangrejito se arrinconó en lo más profundo de su caracol, desfalleciendo de calor. Elvira lo metió bajo el chorro del pozo para que reviviera.

Entonces, Brasa, decidido, levantó la cabeza, dio vuelta sobre las patas traseras y con un relincho traspasó los primeros leños. Se acercó al viejo caballo, que solo dejaba entrever algunos destellos de vida.

—¡Ahora sí, te lo ruego, tengo que conocer la manera de enfriarme!
Se echó a su lado y le sopló las cenizas que le cubrían la cabeza y se dio cuenta que el viejo caballo era un carbón. Vio a Brasa con ternura y sacó su último resuello.

—¿Querés mucho a la niña, verdad?

—¡Mucho! —relinchó Brasa.

—Quisiera poder salir, estar en sus manos sin quemarla.
—Todo comienza en el centro mismo del brasero, en la gruta del fuego más intenso —dijo el viejo caballo.

Brasa se estremeció de solo pensar en ese lugar prohibido.

—Pero ahí no puedo acercarme.

—Tenés que penetrar. Ahí encontrarás el secreto. La primera vez solo podrás lograrlo por poco tiempo. La voz del viejo caballo se debilitaba hasta convertirse en un murmullo y se fue apagando lentamente.

Brasa miró la entrada de la gruta, donde las llamas eran azules y tan calientes como el hierro fundido. Con gran temor dio los primeros pasos, pero lo sorprendió una lluvia de astillas incandescentes.

Elvira había dejado al cangrejo ermitaño sobre la arena y al volver su caballito ya no estaba. Vio un punto muy brillante en el fondo del brasero y lo que menos imaginó es que su caballito galopaba hacia el calor más intenso.

Brasa no tenía un solo grano de ceniza. Le costaba avanzar entre el crepitar de tanto fuego. Un pedazo de leña cayó desde la parte más alta del brasero, y sintió que moría aplastado.

—¡Tengo que seguir! —relinchó, y haciendo un gran esfuerzo levantó con su lomo el leño que lo aplastaba. Escuchó un estruendo y sintió que todo el fogón se caía en pedazos, de un salto cayó bajo un grueso madero y logró protegerse de la avalancha de fuego. Miró hacia atrás y el camino de regreso estaba claro, pero pensó en las manos de la niña, y entonces avanzó con más brío, a pesar de que el calor lo calcinaba, y de un último salto cayó en el centro mismo de la gruta.

El fuego tenía una intensidad desconocida, Brasa dio vueltas para poder mirar toda la gruta. Era imposible imaginar así aquel lugar al que todos temían. El sonido era suave y acompasado y las llamas azules eran como un pequeño vapor que ondulaba sobre los cristales de carbón. Comprendió las palabras del viejo caballo y emprendió su viaje hacia el calor más intenso, entonces sintió como su cuerpo se convertía en un cristal. Pasó de ser un pedazo de leña que ardía a tener el brillo y la intensidad del carbón. De su cuerpo salían llamas azules y suaves, sintió que se había convertido en el centro mismo del brasero. El temor se había disipado. Brasa se levantó, empezó a caminar por un sendero limpio y claro, donde el fuego, en una danza, giraba a su alrededor. Al llegar al borde mismo del brasero saltó y cayó al piso de la cocina. Ahí permaneció esperando a la niña.

Elvira se levantó de la silla donde había estado viendo el mar. Sintió que algo le había pasado a Brasa y corrió hacia la cocina del rancho. En el piso de tierra lo encontró brillando como un cristal.

—¡Es Brasa! —exclamó.
Al ver las dos manos extendidas el caballito saltó. Elvira lo abrazó. Brasa resplandecía. Dieron vueltas por toda la cocina llenos de felicidad.

Al caerse las ollas y sartenes, la madre llegó a ver lo que pasaba.

—¡Es mi caballito, mamá! —exclamó la niña.

—Solo es un pedazo de carbón —dijo la madre.

Juntos corrieron a la puerta. En los ojos de Brasa no pudo entrar toda la inmensidad del mar. Vio a las gaviotas graznando en la orilla, a los árboles inmensos llenos de nidos, al perro que había oído ladrar tantas veces, al bote que el padre de la niña empujaba, a las redes colgando limpias y zurcidas.

—Las olas son tan fieras, pensó, mientras su cuerpo se iba cubriendo de cenizas.

Elvira lo vio languidecer echado sobre sus manos, ir apagando su brillo lentamente. Asustada, corrió al brasero y puso a su caballito entre la leña que ardía.

Brasa sintió el calor de las llamas y recordó las palabras del viejo caballo:

—La primera vez solo podrás lograrlo por poco tiempo.

Entonces sacudió las cenizas. Se levantó sobre sus patas traseras y lanzó un fuerte relincho que hizo temblar de nuevo al caldero y pintó una gran sonrisa en la cara de la niña.

DE FLORES Y DE JUNCOS

Veo las islas pasar frente al muelle de mi casa.

Bajan el río con garzas y jacanas confundidas entre los lirios de agua. Son masas inmensas de pastos de laguna y flores.

Los hombres y los cocodrilos se hacen a un lado y dejan pasar ese amasijo de plantas y de juncos, que cubren toda la superficie del río.

En sus raíces viaja la vida diminuta de la selva.

Una maraña de formas y colores entre las barbas hundidas de los lirios. Miles de camarones, cangrejos, peces pequeños de todas las especies y la vida inicial de los anfibios y de los insectos.

En la superficie, una tortuga se asoma desde una hoja, una serpiente confundida se desliza entre los juncos, algún tepezcuinte perdido en la crecida.

Sobre ellas croan las ranas y cantan los pájaros del agua.

Y la isla toda viaja hacia un mar desconocido. Hacia una desembocadura de olas enormes y de peces.

Ahí, el antiguo róbalo de la espuma espera, el jurel, la mantarraya de arena, los sábalos y los pargos de arrecife esperan, por ese atardecer del río, por ese regalo de la lluvia.

La boda de Rubén

En la boda de Rubén, yo diría, el vestido fue lo más importante. Tres meses de trabajo con satines, encajes, hilos, sedas, el salario de medio año. Y, ¡por dios!, la novia opinando, el padre opinando. Y en ese cuarto de tablas retorcidas, la máquina de coser de pedales soltó toda su herrumbre, entre el griterío de los hijos de la novia y la lluvia prehistórica del Caribe.

El resto de los preparativos de la boda cumplió con todos los rigores de las revistas de modas, y a pesar de la enorme pobreza, se preparó la sidra espumante, los vestidos satinados de las damas de honor y los trajes enteros con corbata de color de sus acompañantes; los bocadillos de atún ahumado, anillos grabados, una pequeña alfombra roja y una comisión para traer al Pastor, a dos horas en bote desde el camino más próximo.

Rubén se vistió rápidamente esa mañana. Revisó el inmenso toldo azul, que entre soportes de bambú cubría todo el patio de tierra. Era su primer matrimonio y estaba nervioso porque había llovido toda la noche y seguía lloviendo. No podía ver a la novia, como es la costumbre, hasta que entrara en la Iglesia. Pero la imaginó lindísima, como en realidad estaba, con sus dos hijos, el padre y la madre y el vestido blanco con cola de cinco metros.

Se puso más nervioso todavía y empezó a gritar:

—¡Qué el toldo! ¡Qué las amarras! —todo era lluvia y barro.

La novia, hermosísima, veía los chorritos de agua que formaban una cortina en la puerta y, más allá, el diluvio normal del Caribe. La Iglesia quedaba como a cuatrocientos metros, y no habría paraguas ni toldos capaces de tapar la cola del vestido.

Rubén ya estaba en la Iglesia. Agachado, se quitaba con una cuchilla las pelotas de barro de sus zapatos y, empapado de los pies a la cabeza, trataba de sonreír entre las damas de honor y sus acompañantes.

—¡Vamos! —dijo la novia, y pasó la cortina de agua de la puerta. Ella se imaginó un día soleado, las calles secas, una multitud tirándole pétalos de rosa a su paso elegantísimo, y alzó entonces la cabeza con toda la dignidad del mundo.

Caminó a duras penas unos pasos cuando sus zapatos de tacón quedaron atrapados en el fango. No quiso salirse de su realidad de día soleado que imaginaba, aunque encontró amparo en el orgullo y el llanto, y se desgajó.

Ayudada por sus padres venció el escollo y siguió caminando los cuatrocientos metros de barro que la separaban de la Iglesia. Atrás, como a cinco metros, dos niñas inmaculadas, envueltas en raso, empapadas, llevaban la larguísima cola del vestido, que se iba convirtiendo poco a poco en un trapo de lodo.

Al verla llegar, Rubén solo pudo pensar en el salario de seis meses, días feriados, chapias, sudores, que costó el magnífico vestido.

La ceremonia comenzó dos horas después. El pastor vino desde Cariari por el río La Suerte y, en el camino, por un imperdonable error de horario, se quedó pescando mojarras y guabinas.

Lo tuvieron que ir a buscar y llegó empapado, oloroso a pescado y a musgo, y al entrar en la Iglesia se quitó su impermeable rojo.

Y ese dicho popular de que nunca falta un borracho en una vela o en una boda, que en este caso sería lo mismo, por el vestido tristísimo de la novia y el maquillaje corrido y el pastor trastabillando por la carrera y el olor a pescado, llegó Waiquí, uno de los borrachitos del pueblo.

Emocionado con la emoción que siempre produce una boda y con la emoción de los niños que colgaban de todas las ventanas, Waiquí empezó a dar vítores a los novios, en los momentos menos adecuados de la ceremonia. Rubén se volvió varias veces y le clavó una mirada de "te voy a matar", pero Waiquí seguía emocionado como en un partido de fútbol.

La novia, ensoñadísima, estaba en su día más soleado, imaginaba el vestido impecable, el peinado perfecto y cuando dio el "sí, acepto", nunca oyó a Waiquí gritar:

—¡Es buena gente, yo la conozco!

Se oyó un murmullo en toda la sala, pero como era el momento de llorar, y en el pueblo la mayoría de la gente estaba emparentada, dejaron al borrachín en su emoción, y todos sacaron los pañuelos. Rubén lo volvió a ver de nuevo con una mirada de: "te mato dos veces", y apenas pudo concentrarse para dar el sí.

Después de los abrazos y tirarles el arroz a los novios, y de que una muchacha joven con cuatro hijos lograra coger de un salto el buqué de la novia, y salir corriendo porque querían quitárselo para tirarlo de nuevo, el grupo entero, con los novios al frente, empezó a descaminar los cuatrocientos metros de lodo, que esta vez los separaban del toldo azul donde era la fiesta. Había dejado de llover por un momento, pero el cielo seguía encapotado y presagiaba lo que presagian todos los días de invierno en el Caribe.

La mesa principal estaba dispuesta, con manteles blancos, copas para la sidra espumante, y platos decorados con escenas románticas para el arroz con pollo.

Al sentarme, vi los grandes bolsones de agua sobre el toldo y las cuerdas que lo amarraban en el bambú, que ya no podían más por el esfuerzo.

—La tragedia continúa —pensé, mientras los adultos alzaban las copas para el brindis.

La novia seguía ensoñada, con su día más soleado y ahora imaginaba un salón con piso de mármol y fuentes, y no este lodazal con un toldo azul hinchado de agua, que amenazaba con arruinarlo todo.

El pastel de cinco pisos con dos novios de plástico dentro de un quiosco, blanquísimo y lleno de flores, había sido encargado en la ciudad de Siquirres y era el símbolo máximo de la felicidad. A Rubén le había costado como tres meses de salario, y pensaba a ratos en la pobreza doble que tendría que vivir después de semejante boda.

El pastel viajó primero en una camioneta cuidado con esmero por la madre de la novia, y después en bote, con capa y todo hasta llegar el día anterior a Tortuguero.

Ahora, sobre la mesa principal era el orgullo de la novia y pensaba en la manera de conservarlo para siempre en una mesita de la sala.

En medio de la algarabía de la fiesta, con Waiquí emocionado, vi llegar a la primera abejita. Dio vueltas tímidamente sobre los novios de plástico y se posó sobre el lustre blanco. Era una abejita negra que aquí llamamos quizarrá, no pican fuerte, pero se enredan en el pelo y son una molestia.

Luego llegó otra y otra. Ellas se avisan con algún tipo de señal. Y luego otra y otra y todo el panal estaba sobre el pastel. ¡Ay, dios mío!, Tuvimos que correr las sillas, y por más que trataron con trapos y con gritos de espantarlas, el dulce pudo más, y tanto esfuerzo de pasteleros y choferes y capitanes y el salario de tres meses, quedaron convertidos en una inmensa bola negra de abejas.

En medio de la trifulca, de sillas corriéndose, un toldo tenso y abombado, Waiquí quiso congraciarse y resolver con un trapo el problema de las abejas y el pastel, y ante la mirada de todos, le dio tal golpe que le destrozó dos pisos y los novios de plástico salieron volando hasta las aguas del río.

No cuento más, porque ahí terminó todo, a golpes y empujones, y Waiquí corriendo por todo el pueblo, perseguido por los hermanos de la novia y el toldo tenso, a punto de reventar.

Rubén gritó con toda la dignidad del mundo:

—¡Hasta aquí!

Alzó a la novia, como ella siempre quiso en su día soleadísimo, y en el camino hacia su rancho y su pobreza, y a pesar de la lluvia y el lodo y Waiquí y las abejas, se prepararon para ser felices por el resto de sus vidas.

LAS ISLAS SON PECES

Las islas del Tortuguero son peces. Inmensos peces varados en el lecho del río.

Antiguos peces que remontaron la corriente desde el mar y entraron por la desembocadura, en alguna crecida, hace miles de años.

El fango pudo más que los coletazos inútiles y comenzó poco a poco a cubrir de musgo las escamas, y los peces adormecidos se llenaron de cocos y de helechos arbóreos. En sus lomos creció una selva tupida de almendros y caobas, palmeras de sombra, platanillas y enredaderas inmensas que cubrieron los árboles de flores.

Las islas del Tortuguero están vivas y en su profundidad un corazón de tierra late.

En el día se escucha el aullar de un mono entre el canto de los pájaros y las cigarras, y los jaguares escarban el musgo de las islas por el olor dulce de la carne.

En el pueblo dicen que esos peces dormidos solo esperanel día de la gran crecida, para sacudirse, entre coletazos y espuma, los árboles del lomo; pasar la desembocadura del río y nadar de nuevo en este mar embravecido.

El espejo del río

En Tortuguero, un monito perdió su imagen reflejada en el agua. Tal era su velocidad entre las ramas de la orilla, la velocidad de sus juegos, que su imagen cada vez más mojada, se fue demorando, y cuando el mono ya estaba en las ramas más altas, su imagen apenas empezaba a subir el tronco del árbol, hasta que no pudo más por el cansancio y trató entonces de descansar.

—Solo un momento —dijo la imagen, y cerró los ojos.

Pero la manada de monos cariblancos, saltando por aquí y por allá se fue de la orilla, montaña adentro, en busca de comida.

El reflejo del monito en el río abrió los ojos, pero al tratar de encontrar al cariblanco para seguir sus juegos y sus saltos, solo vio las ramas vacías y se sintió abandonado. Trató de nadar, pero el peso del agua no lo dejó y tuvo que agarrarse con fuerza a la imagen de una rama de almendro. Y ahí permaneció.

Pero estos no son los ríos de los cuentos de hadas con princesas y llaves mágicas. Estos son los ríos de la selva donde abundan los cocodrilos, los peces enormes como el sábalo real, los róbalos, los pargos de colmillo y los tiburones toro de agua dulce, que pueden destrozar una piedra de un mordisco.

Un cocodrilo había visto el reflejo del mono chapotear, cuando trató de llegar a la orilla y, oportunistas como son los cocodrilos, nadó lentamente, sacando apenas los dos ojos del agua. Llegó a la rama y lo vio agarrado, temblando de soledad.

—Hace tanto que no me almuerzo un mono —pensó.

Abrió las fauces y dio una dentellada violenta. La imagen del monito trató de saltar al sentir los colmillos clavarse, pero se escapó entre los dientes como chorritos de luz, y el cocodrilo extrañado casi se ahoga de tanta agua que tragó.

Mientras tanto, el monito del árbol estaba triste. Veía la sombra de los otros monos en el suelo o en los troncos y la suya no estaba. Preguntó por su sombra a los monos más viejos, pero ninguno pudo decir nada.

—Nunca hemos visto tal cosa —le respondieron.

Y toda la manada de cariblancos empezó a buscar debajo de los troncos, en las hojas, en las gambas de los almendros y no encontraron nada. Solo veían sus propias sombras que levantaban un brazo cuando ellos lo levantaban, que se agachaban cuando ellos se agachaban y se pusieron a jugar y se olvidaron de lo que estaban buscando. Así son los monos.

La imagen perdida del monito, mientras tanto, seguía agarrada a la rama del almendro en la superficie del río, viendo en la profundidad los peces que a veces salían a atrapar alguna sardina o una semilla. Pero las ondas y el chapoteo la descomponían y se veía a sí misma doblarse, romperse y después volver a ser el mismo reflejo del monito abrazado a la rama, lleno de temor.

Y así pasó el resto del día, viendo la vida que hay debajo del agua.

En estos ríos de Tortuguero abundan los manatíes, y la imagen del monito se impresionó con ellos, al ver sus grandes lomos grises, las crías que asomaban sus bigotes y la mansedumbre al comer el pasto que crece en el fondo del río. Vio los sábalos con sus aletas de plata, los róbalos con su raya negra cruzándole todo el cuerpo y una multitud de peces pequeños con formas y colores diferentes.

Pero el miedo se le fue disipando al notar que podía desvanecerse al pasar una nube, luego volver a aparecer con el sol, y que una burbuja que salía a la superficie le dibujaba ondas en su pecho y solo sentía una caricia.

Al llegar el atardecer, la rama a la que estaba agarrado empezó a disiparse y el temor volvió de nuevo. Cada vez le costaba más sostenerse en la imagen de la rama del almendro, y subió poco a poco a las ramas más altas. Vio que estas también iban desapareciendo y que sus manos eran borrosas y que casi no podía verse el pecho ni las piernas, y sintió terror cuando llegó la noche porque creyó que ya no estaba. Tampoco el árbol ni el bosque, ni nada de lo que conocía se reflejaba en la superficie del río, solo la oscuridad y las estrellas.

Mientras tanto, el monito, apesadumbrado y triste, andaba con su manada montaña adentro, y era el último en meter la mano en el panal de abejas en busca de miel, o a la hora de pelear un árbol con los tucanes, o al saltar entre las ramas altas y, rezagado, casi se pierde en media selva entre esa maraña de palmas y de árboles donde asechan los jaguares y las boas.

A la hora de la siesta, cuando los monos cuelgan los brazos y las piernas, y parecen una bola de pereza, el monito aún buscaba su sombra. Así pasó toda la tarde con su tristeza. Pero al llegar la noche se acurrucó con su manada entre las hojas de un árbol de cativo. Al ver que las sombras de los otros monitos se habían disipado, se sintió un poco más tranquilo y en medio de la oscuridad de la selva, con el sonido de los grillos, las cigarras y el croar de las ranas, se quedó profundamente dormido.

En las madrugadas, cuando el sol apenas deja ver su claridad, la selva despierta. Las bandadas de loras y de tucanes cubren el cielo, todo es un griterío de pájaros y un aullar de monos. La selva se recompone y sale de su pereza, su reflejo vive de nuevo en el río con la pequeña bruma del amanecer.

Esa mañana, la manada de cariblancos, como siempre, después de estirarse un poco, se fue a la orilla del río a buscar el calor de los primeros rayos del sol. Y el monito empezó a ver las imágenes de los otros monos en el río, cerca de la rama del almendro.

Primero una, luego otra y así toda la manada reflejada en el espejo del río.

Al principio le costó reconocer su imagen, ahí empapada como estaba en el espejo del agua, pero no dudó de que fuera la suya, porque ella lo había reconocido también y la vio tocarse el cuerpo y verse las piernas y las manos que habían vuelto con la claridad del nuevo día.

El monito vio que su imagen levantaba el brazo así, cuando él lo levantaba, y caminaba por la rama del almendro cuando él caminaba.

Nunca supo lo que su imagen perdida había vivido en el río el día anterior.

Pero cuando las sombras de los otros monos salieron del agua, vio también salir la suya empapada y alegre, y sintió cómo lo acompañaba de nuevo, montaña adentro, en busca de comida.

Desde mis manos pequeñas

Mi padre ve el mar. Sentado en un tronco ve su propio mar. El mar es como un pequeño animal entre sus ojos, entre sus manos húmedas por la espuma que ha traído el agua. Esa espuma tiene el corazón del río y en esas burbujas que el viento mueve por la playa, y que mi padre tiene entre sus manos, está el color de la madera, el aroma de las aguas quietas y oscuras, y en el aire apresado en las burbujas hay un revoloteo de alas, un canto de cigarras, el grito de las loras y los tucanes.

Ahí, apresada, la selva espera que la burbuja reviente y por eso la playa gime, grita, canta.

Es un juego que recuerdo desde mi primera infancia: reventar las burbujas que traía el río al mar, reventarlas con la mano, así, aplastándolas contra la arena, y yo pequeña, gateando entre los huecos de las tortugas, dejaba escapar el canto de los pájaros.

Recuerdo que me gustaba tanto esa música y me reía cuando reventaba una burbuja de espuma, y de su interior escapaba el aullar de un mono, o el gruñido de un jaguar, o el sonido de pasos entre las hojas secas.

Cada burbuja traía una sorpresa que salía de mis manos pequeñas.

Mi viaje

Así como le he dicho adiós, con la mano, a la lancha que sale con los turistas, tantas veces, ahora salgo yo de esta selva mía, a la ciudad, en esa misma lancha con mi pequeña tristeza.

Todo me dice adiós con la mano, con las alas, con las ramas, con las aletas, y yo aquí sentada en esta lancha que vi entrar y salir tantas veces, desde mi jardín de mariposas, desde mi escuela en medio de la selva.

En la rivera va quedando atrás esa maraña verde de árboles y enredaderas que esconden los ojos de los jaguares y los chanchos del monte, las gallinitas de la selva, los jaguarundis y las pequeñas ranas que han poblado el aire de las noches durante toda mi infancia.

Adelante sigue el río con sus innumerables recodos, con sus playones de arena donde descansan los cocodrilos y las nutrias con sus árboles caídos, donde pescamos guapotes y mojarras con nuestros anzuelitos de barro.

Y adelante, más allá del sonido del motor, está el puerto de embarque en Caño Blanco. Puedo imaginar los buses de los turistas. La gente que viene y va con sus maletas, y abordan las lanchas que van a pasar dentro de poco, frente a mi rancho de torrecitas y castillos.

Pero todavía es el río y todo me dice adiós, hasta mi árbol de guabas con sus ramas repletas de flores y de frutas, el camino de las hormigas arrieras, el viejo Alejandro y su bote rojo lleno de niños y cuadernos.

Todo me dice adiós y yo imagino la ciudad donde he estado pocas veces, el colegio a donde voy y mis nuevos compañeros.

Pero todavía es el río, con sus aguas oscuras, donde los viejos manatíes apenas asoman los bigotes, mientras el sonido del motor rompe el griterío de los monos y una mariposa azul vuela y gira frente a esta maraña de árboles y enredaderas.

Pero todavía es mi río.

ACERCA DEL AUTOR

Rodolfo Dada (Costa Rica, 1952). Ha publicado los libros *Cuajiniquil, Abecedario del Yaqui* (Premio Carmen Lyra, 1981), *Kotuma, la Rana y la Luna* (Premio UNA-PALABRA, 1984), *La voz del caracol, De azul el mar* (Premio Nacional de Poesía Aquileo J. Echeverría 2004), *Cardumen, Antología Personal* (Editorial Lunes, 2004 - Casa de Poesía, 2015), publicado en Italia (Edizioni Fili d'Aquilone, con traducción del poeta Alessio Brandolini), por el cual fue finalista del Premio Camaiore, al mejor libro de poesía extranjera publicado en Italia, 2013. En el 2009 recibió la Mención de Honor en el Premio Casa de las Américas de Cuba, por El mar de la selva. En 2016, Metáfora Ediciones, con sede en Quetzaltenango, Guatemala, publicó *Como tambores*. La colección de poesía "Palimpsesto", con sede en Carmona, España, publicó su antología *Un niño mira al mar*. Sus libros, Abecedario del Yaqui y La voz del caracol, son textos de lectura obligatoria, aprobados por el Ministerio de Educación Pública de Costa Rica.

ÍNDICE

El mar de la selva

La serpiente y el niño · 13

Mariposa azul · 17

Sobras · 19

El mar de la selva · 25

El viaje · 27

Jicotea · 35

Una tortuguita sale del nido · 37

Un pedazo de hoja · 41

El mundo estaba completo · 43

El árbol de loras · 47

Victorino · 49

El mar es artesano · 55

El bote de Alejandro · 57

A la fábrica de plywood · 63

El caballito de fuego · 65

De flores y de juncos · 75

La boda de Rubén · 77

Las islas son peces · 83

El espejo del río · 85

Desde mis pequeñas manos · 91

Mi viaje · 93

Acerca del autor · 99

Fiction
INCENDIARY
INCENDIARIO
Homage to Beatriz Guido (Argentina)

1
Alyz en New York Land
Novela
Jesús Bottaro (Venezuela)

2
Historia de una imaginación memorable
Novela
Andrés Felipe López López (Colombia)

3
Things I Cannot Say
Novel
Elssie Cano (Ecuador)

4
Hay cosas que no puedo decir
Novela
Elssie Cano (Ecuador)

5
Hay una bestia
Cuento
Elssie Cano (Ecuador)

6
La otra orilla y otros relatos
Cuento
Elssie Cano (Ecuador)

7
Historia de una imaginación memorable (2ª Edición)
Novela
Andrés Felipe López López (Colombia)

8
La antesala del beso
Novela
Cristina Gufé (España)

9
El sueño de Torba
Novela
Rafael Soler (España)

10
Esperpentario
Cuento
William Velásquez (Costa Rica)

Children's Fiction
KNITTING THE ROUND
TEJER LA RONDA
Homage to Gabriela Mistral (Chile)

Drama
MOVING
MUDANZA
Homage to Elena Garro (México)

Essay
SOUTH
SUR
Homage to Victoria Ocampo (Argentina)

Non-Fiction
BREAK-UP
DESARTICULACIONES
Homage to Silvia Molloy (Argentina)

POETRY
COLLECTIONS

ADJOINING WALL
PARED CONTIGUA
Spaniard Poetry
Homage to María Victoria Atencia (Spain)

BARRACKS
CUARTEL
Awards Winning Works
Homage to Clemencia Tariffa (Colombia)

CROSSING WATERS
CRUZANDO EL AGUA
Poetry in Translation (English to Spanish)
Homage to Sylvia Plath (U.S.A.)

DREAM EVE
VÍSPERA DEL SUEÑO
Hispanic American Poetry in USA
Homage to Aida Cartagena Portalatin (Dominican Republic)

FEVERISH MEMORY
MEMORIA DE LA FIEBRE
Feminist Poetry
Homage to Carilda Oliver Labra (Cuba)

FIRE'S JOURNEY
TRÁNSITO DE FUEGO
Central American and Mexican Poetry
Homage to Eunice Odio (Costa Rica)

INTO MY GARDEN
English Poetry
Homage to Emily Dickinson

LIPS ON FIRE
LABIOS EN LLAMAS
Opera Prima
Homage to Lydia Dávila (Ecuador)

LIVE FIRE
VIVO FUEGO
Essential Ibero American Poetry
Homage to Concha Urquiza (Mexico)

REVERSE KINGDOM
REINO DEL REVÉS
Children's Poetry
Homage to María Elena Walsh (Argentina)

STONE OF MADNESS
PIEDRA DE LA LOCURA
Personal Anthologies
(Homage to Alejandra Pizarnik)

TWENTY FURROWS
VEINTE SURCOS
Collective Works
Homage to Julia de Burgos (Puerto Rico)

VOICES PROJECT
PROYECTO VOCES
María Farazdel (Palitachi)

WILD MUSEUM
MUSEO SALVAJE
Latin American Poetry
Homage to Olga Orozco (Argentina)

INTERNATIONAL POETRY AWARD
PREMIO INTERNACIONAL DE POESÍA NYPP
Award Winning Authors
Homage to Feature Master Poets

For those who, like Beatriz Guido, believe that *fire not only destroys but also purifies, and that what remains after the flames is the naked truth*, this book was published in August 2025 as part of the *Incendiario* Collection, in homage to her enduring legacy, under the imprint of Nueva York Poetry Press in New York City, United States of America.

www.ingramcontent.com/pod-product-compliance
Lightning Source LLC
Chambersburg PA
CBHW030120170426
43198CB00009B/680